VENTE

CARRIER-BELLEUSE

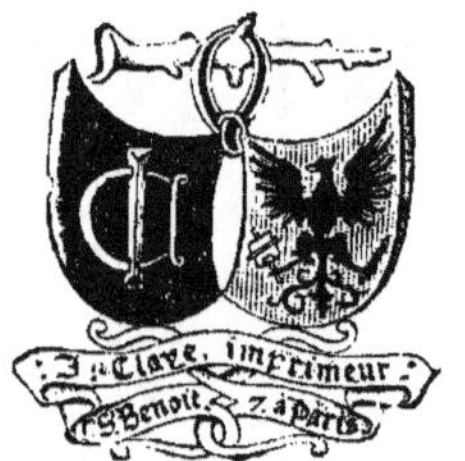

J. Claye, imprimeur
r. S.t Benoit, 7, à Paris

CONDITIONS DE LA VENTE

Elle sera faite au comptant.

Les acquéreurs payeront, en sus de leur prix d'adjudication, *cinq centimes par franc*, applicables aux frais.

CATALOGUE

DES

MARBRES

BRONZES

ET

TERRES CUITES

ŒUVRES DE

M. CARRIER-BELLEUSE

DONT LA VENTE AURA LIEU

HOTEL DROUOT, SALLE N° 8

Le Samedi 21 Décembre 1872

A DEUX HEURES

COMMISSAIRE-PRISEUR   EXPERT

Mᵉ CHARLES OUDART   M. ÉMILE BARRE

31, rue Le Peletier   20, Chaussée-d'Antin

Chez lesquels se délivre le présent Catalogue

EXPOSITIONS

PARTICULIERE   PUBLIQUE

Le Jeudi 19 Décembre 1872 | Le Vendredi 20 Décembre 1872

DE 1 HEURE 1/2 A 5 HEURES 1/2

DÉSIGNATION

MARBRES

1. — **Ondine.**

Statuette en marbre blanc de Carrare.

Hauteur, $1^m,00$.

2. — **Les deux Amours.**

Groupe en marbre blanc de Carrare.

H., $0^m,80$.

3. — **L'Amour désarmé.**

Groupe en marbre dit de Canale-Bianco.

H., $0^m,80$.

4. — **L'Amour désarmé.**

Groupe en marbre Crestolla.

H., $0^m,80$.

5. — Enfant assis supportant un vase.

6. — Le pendant.

Deux statuettes en marbre blanc de Carrare

H., 0^m,50.

7. — Souvenir.

8. — Regrets.

Deux bustes en marbre blanc de Carrare.

H., 0^m,65.

9. — Printemps.

10. — Automne.

Deux bustes en marbre blanc de Carrare.

H., 0^m,65.

11. — Souvenir.

12. — Regrets.

Deux bustes en marbre blanc de Carrare.

H., 0^m,65.

BRONZES

13. — Dante.

Buste.

14. — Virgile.

Buste.

15. — La Comédie.

Buste colossal

16. — Eugène Delacroix.

Buste colossal.

TERRES CUITES

ORIGINAUX

17. — Bacchante à la Panthère.

Groupe.

18. — L'Amour se rit du Temps.

Groupe.

BUSTES ORIGINAUX

(GRANDEUR NATURE)

19. — Jeune femme à l'aigrette.

20. — Jeune femme aux chrysanthèmes.

21. — Le Printemps.

22. — Diane.

23. — Flore.

24. — Bérénice.

25. — Jeune femme aux Camélias.

26. — Marguerite aux bijoux.

27. — Druidesse.

28. — La Rose.

29. — Le Jasmin.

30. — Duchesse.

31. — Didon.

32. — Flora.

33. — Jeune femme en costume italien.

34. — L'Eau, avec coiffure de marguerites.

35. — L'Eau, avec coiffure de roseaux.

36. — Victoria.

37. — La Songeuse.

38. — L'Été, avec bras.

39. · Clélie.

40. — Lydia.

41. — Rose de mai.

42. — La Jardinière.

43. · · L'Oiseau chéri.

44. — Lesbie.

45. — Le Printemps.

46. — Le Houx.

47. — L'Alsace.

GROUPES

ET

STATUETTES

48. — La Confidence.

Groupe.

49. — Le Printemps.

Groupe.

50. — La Colombe.

Groupe.

51. Offrande à Bacchus.

Groupe.

52. — Jeune mère italienne.

Groupe.

53. — Berger italien.

Groupe.

54. — Hygia.

Statuette.

55. — La Bonne Saison.

Statuette.

56. — Amazone.

Statuette.

57. — Ondine.

Statuette.

58. — Angélique.

Statuette.

59-60. — Enfants supportant des vases

61-62. — Enfants supportant des vases.

Quatre statuettes.

63. — Bacchante au Terme.

Groupe.

64. — La Tempérance.

Groupe.

65. — L'Amour désarmé.

Groupe.

66. — Les deux Amours.

Groupe.

67. — L'Éducation du Faune.

Groupe.

68. — Danseurs italiens.

    Groupe.

69. — Bacchanale.

    Groupe.

70. — Les Heures.

    Pendule.

71. — Les Heures.

    Corbeille.

72. — L'Enlèvement.

    Groupe.

BUSTES

73. — Dante.

74. — Virgile.

75. — Beethoven.

76. — Mozart.

77. — Rembrandt

78. — Albert Dürer.

79. — Rubens.

80. — Murillo.

81. — Velasquez.

82. — Van-Ostade.

83. — Michel-Ange.

84. — Raphaël.

85. — Marie-Antoinette, coiffée d'un lis.

86. — Marie-Antoinette, coiffée de roses.

87. — Princesse de Lamballe, coiffée de roses.

88. — Princesse de Lamballe, coiffée de marguerites.

89. — Souvenir.

90. — Regrets.

91. — Le Lis.

92. — Haydée, coiffée de roses.

93. — Haydée, coiffée d'un diadème.

94. — Soubrette.

95. — Marquise.

96. — Duchesse.

97. — L'Eau.

98. — Marguerite.

99. — La Rose.

—

100. — Colonnes et gaînes en bois et simili-marbre.

PARIS. — J. CLAYE, IMPRIMEUR, 7, RUE SAINT-BENOIT. — [2402]